ÉLOGE FUNÈBRE

DE

M. L'ABBÉ E. COINTET

Professeur de Philosophie

PRONONCÉ

DANS LA CHAPELLE DU PETIT-SÉMINAIRE MONGAZON

LE MERCREDI 30 JANVIER 1884

PAR

M. l'abbé SUBILEAU

CHANOINE HONORAIRE, SUPÉRIEUR DU PETIT-SÉMINAIRE MONGAZON
ET DE LA CONGRÉGATION DE LA RETRAITE

ANGERS

IMPRIMERIE-LIBRAIRIE GERMAIN & G. GRASSIN

RUE SAINT-LAUD

1884

ÉLOGE FUNÈBRE

DE

M. L'ABBÉ E. COINTET

Professeur de Philosophie

PRONONCÉ

DANS LA CHAPELLE DU PETIT-SÉMINAIRE MONGAZON

LE MERCREDI 30 JANVIER 1884

PAR

M. l'abbé SUBILEAU

CHANOINE HONORAIRE, SUPÉRIEUR DU PETIT-SÉMINAIRE MONGAZON
ET DE LA CONGRÉGATION DE LA RETRAITE

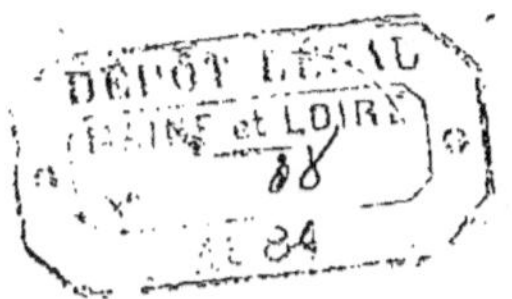

ANGERS

IMPRIMERIE-LIBRAIRIE GERMAIN & G. GRASSIN
RUE SAINT-LAUD

1884

M. l'abbé Édouard Cointet, décédé à Mongazon, le 22 janvier 1884, a été inhumé le surlendemain, dans le cimetière de Grugé-l'Hôpital, sa paroisse. Le temps ne permit pas de faire d'invitations pour la cérémonie de la levée de corps au Petit-Séminaire. Cependant un grand nombre de professeurs de l'Externat Saint-Maurille, tous les séminaristes, anciens élèves de M. Cointet, se firent un devoir de venir, dans cette douloureuse circonstance, joindre leurs prières à celles des professeurs et des élèves de Mongazon. Au service de huitaine, la chapelle du Petit-Séminaire réunissait une assistance nombreuse et recueillie. On y remarquait M. Pessard, vicaire-général, M. le Supérieur du Grand-Séminaire, accompagné de MM. Lebailly et Achet, M. le Supérieur de Combrée et plusieurs de ses professeurs, M. l'abbé Pasquier, directeur de l'École Saint-Aubin, doyen de la Faculté des Lettres; la plupart des confrères de cours de M. Cointet : MM. Antier, Banzin, Barbault, Bazille, Béchet, Brelle, Breton, Chalot, Cesbron, Dupé, Goupil, Gourdon, Grandin, Guérin, Joret, Ménard, Morin, Oger, Olivier, Pommereau, Rondeau, Samson ; enfin quelques anciens élèves : MM. Desprez, Bougan, Duluard, Riobé, Sachet... Des amis et beaucoup d'anciens élèves, retenus loin de nous, nous avaient dit dans d'affectueuses lettres, la part qu'ils prenaient à notre deuil et le bon souvenir qu'ils gardaient d'un ami si aimable, et d'un professeur si dévoué. M. le Supérieur de Mongazon, interprète éloquent de la douleur et des regrets de tous, nous a retracé le touchant tableau des belles qualités du défunt. Cet éloge rappellera à tous les amis et à tous les élèves de M. l'abbé Cointet, le souvenir béni du digne prêtre, que tous, comme l'a dit M. le Supérieur, appelaient un *saint*.

J.-B. G.

*Dum essem junior, priusquam oberrarem,
quæsivi sapientiam. Et effloruit tanquam
præcox uva. Lætatum est cor meum in eâ.*

Dès mes plus tendres années, avant tout
égarement, j'ai cherché la sagesse. Elle a fleuri
en moi comme un raisin mûr ayant le temps.
Elle a fait la joie de mon cœur.

(ECCLI. LI, vv. 19 et 20).

MESSIEURS, MES CHERS ENFANTS.

En prenant la parole, je cède à l'impulsion de mon cœur, mais surtout au vœu pressant qui m'a été exprimé dans la Maison; vœu ratifié sans hésitation, que dis-je? vivement appuyé par M. le vicaire général qui, de plus, a eu l'attention délicate de venir aujourd'hui nous honorer de sa présence et partager notre deuil (1). — On comprend ces désirs de notre part et ces encouragements de l'autorité diocésaine. — Jésus-Christ qui a versé des larmes sur son ami Lazare approuvera que nous pleurions, même en face des saints autels, l'ami que nous avons chéri en Dieu, pour la beauté surnaturelle de son âme, et qui nous a été ravi par un coup si brusque et si imprévu. N'est-il pas bon aussi qu'un hommage public soit rendu à la modestie même, à une mémoire tout embaumée de piété et qui éveille l'image de toutes

---

(1) M. l'abbé Pessard.

les vertus sacerdotales ? Et puis, quel profit spirituel nous pouvons tirer tous, qui que nous soyons, de cette existence bien courte, il est vrai, mais si pleinement remplie ; des exemples de ce digne prêtre que tous qualifiaient de *saint* et auquel me paraissent s'appliquer justement ces belles paroles de mon texte : *Dès mes plus tendres années, avant tout égarement, j'ai cherché la sagesse,* c'est-à-dire la piété : *Elle a fleuri en moi comme un raisin mûr avant le temps. Elle a fait la joie de mon cœur. Deus essem junior, priusquàm oberrarem , quæsivi sapientiam. Effloruit tanquàm præcox uva. Lætatum est cor meum in eâ.*

Je me bornerai à raconter simplement la vie de M. l'abbé Édouard COINTET. Ce récit sera son meilleur éloge, selon cette parole de l'Esprit Saint : *Laudent opera ejus* (1), et d'abondantes leçons d'édification s'en dégageront naturellement et sans effort.

Notre cher défunt, l'aîné de la famille, vint au monde à Grugé. Grande grâce que de naître dans une paroisse où règne une foi vive, où les saintes pratiques de la religion restent en honneur, où le monde n'a porté ni les corruptions du cœur, ni les corruptions cent fois pires de l'esprit ! L'âme, si je puis le dire, y respire un air salubre, fortifiant, et s'y fait comme un tempérament chrétien. Une plus grande grâce encore, c'est de recevoir

---

(1) Prov., xxiv, 31.

le jour de parents sincèrement religieux, de trouver auprès de son berceau une sage et pieuse mère. On ne pourra jamais apprécier assez l'influence bénie d'une telle mère. La vie entière s'en ressent, j'allais dire en dépend. Les germes sacrés déposés dans l'âme par la main de Dieu et par le saint baptême, c'est la mère chrétienne qui les conserve, les développe, et en prépare la fructification ; elle qui façonne cette jeune âme semblable à une molle argile et verse dans ce vase nouveau ces parfums de foi, d'innocence, de piété qui l'embaumeront longtemps, sinon toujours. Or, la mère de notre regretté défunt est de la race de ces mères tant vantées dans l'antiquité chrétienne, notamment par saint Grégoire de Nazianze (1) : on dirait qu'à ces dignes mères Dieu a fait entendre et comprendre dans leur sens le plus élevé les paroles de la fille de Pharaon à la nourrice de Moïse : *Recevez ce nouveau-né;* il m'appartient tout d'abord, je vous le confie : *Accipe puerum istum. Élevez-le pour moi;* votre mission est d'en faire avant tout un saint, *et nutri mihi. Et je vous donnerai votre récompense : dabo tibi mercedem tuam* (2). Ainsi a-t-elle compris sa glorieuse tâche. Providence de sa paroisse, secourable pour tous, elle s'est attachée, comme à son premier devoir, à la formation chrétienne de ses enfants. De ses soins religieux elle a obtenu une première et enviable récompense, celle de voir ses cinq enfants marcher dans la voie qu'elle leur a tracée, l'entourer de

---

(1) Éloge de Césaire et de saint Basile.
(2) Exode, ii-9.

respect et d'affection, et deux d'entre eux arriver au sacerdoce, cette suprême joie d'une mère chrétienne. Il est vrai, cette joie aujourd'hui est noyée dans l'amertume. Prions, Messieurs et chers Enfants, les anges consolateurs de franchir l'espace et de lui porter le témoignage de notre vive et respectueuse sympathie.

Heureux êtes-vous, mes chers Enfants, vous à qui la bonne Providence a gardé vos mères. Sachez apprécier un tel trésor. On trouve dans le cœur d'une mère charme, consolation, encouragement, car il est le foyer ardent d'une affection tendre et dévouée qui ne connait point les défaillances et jamais ne trahit. Suivez surtout les conseils de vos mères ; elles peuvent n'avoir reçu qu'une instruction médiocre, mais en revanche, elles ont les intuitions du cœur et le sens infaillible de vos meilleurs intérêts. Ainsi se conduisit notre cher enfant. Sous l'aile de sa mère, docile à ses exhortations, dès ses plus tendres années il chercha la sagesse : *Dum essem junior, priusquam oberrarem, quæsivi sapientiam.*

Vint le moment pour M. Cointet de commencer ses études. Combrée, situé à une faible distance de Grugé, offrait pleinement les garanties que réclament avant tout les parents soucieux de remplir leurs devoirs de chrétiens ; c'est ce collège qu'ils choisirent. Maison sœur de la nôtre, accueillez avec joie ce jeune enfant ! Maîtres zélés, continuez l'œuvre commencée au foyer domestique ! Cet enfant vous fera honneur et comptera parmi vos meilleurs élèves. D'autres peut-être se distin-

gueront davantage par la vivacité de l'esprit et l'éclat
du talent ; il y en aura peu à l'égaler en régularité, en
application sérieuse, en bon esprit, surtout en piété. Hier
encore un de ses maîtres m'écrivait que bien des fois ce
cher enfant l'avait édifié en le servant à la sainte messe.
Son travail soutenu portera d'ailleurs des fruits abon-
dants : en rhétorique et en philosophie il se révèlera et
marquera sa place parmi les premiers. Notez, mes chers
Enfants, toutes les qualités que je viens d'énumérer ; ce
sont précisément celles que nous vous conseillons sans
cesse d'acquérir. Puisse l'estime que vous professiez si
haut pour notre cher défunt donner un nouveau poids à
nos conseils, et puissent les prières de ce cher confrère
qui, nous aimons à le croire, est déjà au Ciel, les faire
pénétrer dans vos âmes pour devenir la règle et le stimu-
lant de toute votre conduite !

Au terme de ses études, il lui fallait choisir une carrière. Sa vocation sacerdotale était à certains égards
moins indiquée qu'elle ne l'est pour d'autres. C'était
aux frais de sa famille qu'il avait étudié ; il n'était
pas un de ces enfants choisis sous l'inspiration de
Dieu par quelque prêtre zélé, comptant sur les res-
sources de la Providence, pour recruter les rangs du
sacerdoce. Cependant, fidèle à la direction de ses guides
et à l'attrait qui le sollicitait, il se tourna de ce côté.
Ah ! cet attrait ne m'étonne point : *Les âmes pures*
aiment à sauvegarder le lis de leur innocence en l'abri-
tant dans le sanctuaire. Les âmes *pieuses* mettent à un

prix incomparable le bonheur d'offrir tous les jours l'auguste Victime et de recevoir tous les jours Jésus-Christ qui est le principe, l'aliment et la flamme de la piété. Enfin les âmes qui ont le *goût* et *le zèle du bien* aspirent au sacerdoce comme au moyen le plus puissant de travailler pour les autres âmes. Travailler pour les âmes, y travailler à l'heure actuelle ! .....Cherchez bien, jeunes gens, et essayez de trouver un emploi plus glorieux, une mission plus féconde, une tâche aussi urgente ? On parle beaucoup de l'intérêt qu'il y aurait à mettre en valeur des terrains en friche ; mais dans l'ordre mille fois plus haut des choses spirituelles, est-ce qu'il n'y a pas des champs immenses, hérissés de ronces et d'épines, frappés de stérilité ; je veux dire des âmes sans nombre, ou qui ne connaissent pas Jésus-Christ, ou qui, le connaissant, l'oublient et le trahissent. Dégager ces âmes qui étouffent sous le poids de l'ignorance, de l'erreur, des préjugés, des passions mauvaises ; les ramener à la vie véritable en les arrosant des eaux de la grâce et du sang de Jésus-Christ, quelle noble mission ! S'y consacrer, n'est-ce pas le plus haut et le plus digne emploi de la vie ? Et qu'importe le discrédit dont on veut frapper le prêtre ; les persécutions même dont le menace le fanatisme de l'irréligion ? Cela même attire les âmes vaillantes et allume les généreux dévouements.

Monsieur Cointet eut un moment la pensée de s'enrôler à Solesmes dans cet ordre de Saint-Benoît qui a rendu tant de service aux sciences sacrées. Il y était attiré par la présence d'un oncle, saint religieux dont il parlait toujours avec une profonde vénération. Dieu qui nous le destinait lui inspira de demeurer dans les rangs du clergé séculier.

Il entra au Grand Séminaire où il trouva ces Maîtres de Saint-Sulpice dont l'éloge en toute occasion jaillira de mon cœur et de mes lèvres, tant ils m'ont fait de bien à moi-même, tant ils en ont fait aussi à mes vénérés frères dans le saccrdoce ! Maîtres aussi modestes que savants, et qui excellent à former de vrais prêtres, autant par leurs exemples que par leurs leçons. A côté de cette grâce, Dieu lui en ménagea une autre ; il y rencontra des condisciples de cours sur qui je ne puis m'expliquer à l'aise : ils sont présents. De ceux que j'ai connus je me bornerai à dire — ce qu'ils savent bien — que je les ai particulièrement aimés à cause de leur bon esprit, de leur confiance filiale, de leur piété sincère. Grand secours, Messieurs, dont saint Grégoire de Nazianze a exalté les avantages en parlant de son amitié pour saint Basile (1). Lui aussi il noua au Séminaire des liens d'amitié vraie et durable. Un de ses condisciples devint pour lui un autre lui-même. Et ce condisciple le payait largement de retour ; nous le savons pour l'avoir vu pendant des années, et aujourd'hui cet ami sincère pleure le cher défunt comme il eût pleuré un frère, et son cœur est encore tout saignant de sa cruelle blessure.

Les années du Séminaire, années heureuses entré

____

(1) Oratio 43.

toutes dans la vie du prêtre, coulèrent rapidement ; mais chacune apportait avec elle au digne élève du sanctuaire un large contingent de progrès dans la science et dans la piété : *Dum essem junior, quæsivi sapientiam.*

Au sortir du Séminaire, il entra à l'école Saint-Aubin, heureuse création, institution essentiellement utile, où, sous une habile direction et par de fortes études, se préparent des maîtres que nous envient les autres diocèses.

Au bout de deux ans, il fut désigné pour venir à Mongazon occuper la chaire de philosophie où nous avons vu se succéder constamment des professeurs dignes et capables. C'est une grande bénédiction pour un collège, en particulier pour un petit séminaire, que l'acquisition d'un tel maître !

Timide par nature, modeste et ne connaissant que bien peu Mongazon, il eût pu s'y trouver gêné si son plus cher ami n'y fût venu en même temps que lui, pour professer la rhétorique, et s'il n'eût très vite constaté la franche et large cordialité qui règne ici entre les maîtres. Cette cordialité, cette union, cet esprit de famille forme comme le caractère de cette Maison... J'y trouve pour moi en particulier une force et un charme de tous les jours. Acclimaté, devenu complètement l'un des nôtres, il se livre sans bruit, mais avec zèle à tous ses devoirs de *professeur.*

Régulier entre tous, il se soumet avec exactitude à toutes les exigences de la vie commune. Il prépare ses leçons avec une conscience scrupuleuse ; il étudie, il accumule les notes, il consulte, ayant à cœur de faciliter par un enseignement clair et précis à des élèves qui jusque-là ne se sont occupés que de travaux bien différents, les connaissances philosophiques. Il s'applique à christianiser la philosophie en ce sens qu'elle devienne la meilleure assise naturelle des croyances religieuses. Ah ! si je m'écoutais, je dirais encore une fois bien haut jusqu'à quel point il est regrettable que cette grande étude soit traitée légèrement ; car, on l'a dit, une raison éclairée manque presque autant que la religion à notre pays et à notre époque.

Mais, en vrai maître chrétien, il voyait dans ses élèves autre chose que l'esprit à cultiver ; il voyait les âmes, et sentait combien il importe, au moment où les jeunes gens touchent au terme de leur éducation et vont choisir une carrière, de les former définitivement en leur inculquant à fond l'amour du devoir sous toutes ses formes : une piété solide, un bon esprit, le gouvernement de son âme malgré les révoltes des passions, le respect de l'autorité, un des caractères les plus saillants de sa propre vie, enfin le zèle pour donner de saints exemples. Combien il priait en vue de ce résultat ; et quelle peine pour lui, si un désordre, même léger, venait à se produire ! J'en appelle à tous les élèves qui ont passé sous lui ; le portrait que je viens de tracer n'est-il pas ressemblant ?

Grande perte, Messieurs, que la disparition d'un maître ayant à ce point le sentiment et le zèle de ses devoirs.

On juge aisément ce qu'il était à l'égard de ses confrères, l'homme le plus inoffensif, le plus bienveillant, le plus charitable, d'une aménité de caractère qui lui conciliait l'affection et l'estime de tous.

Il me tarde d'arriver à le considérer sous son plus bel aspect, je veux dire comme prêtre — « Vous êtes « devenu prêtre, dit l'auteur de l'*Imitation*, vous n'avez « point allégé votre fardeau, vous êtes lié par des chaînes « plus étroites (1). » — Ces chaînes, il les baisait avec amour parce qu'elles le rattachaient davantage à Jésus-Christ. — Ce fardeau, il le trouvait *doux et léger* parce qu'il songeait à l'honneur infini et aux grâces sans nombre qui en forment la compensation ! — Il sentait toute la vérité de ces autres paroles du même auteur : « Combien pures doivent être les mains qui touchent « chaque matin le corps virginal du Sauveur, la bouche « qui s'empourpre de son sang divin, le cœur qui « devient la demeure du Dieu trois fois saint. » — Avec quel soin il se gardait des moindres souillures, craignant jusqu'à l'ombre du péché, tout tremblant lorsque la pensée du mal avait effleuré son imagination ! Avec quel recueillement, quelle gravité, quelle absence de précipitation il célébrait l'auguste Sacrifice ! Ah ! quand on porte au Saint Autel de pareilles dispositions, comme l'on fait des progrès dans la sainteté, comme la piété grandit en ardeur et en élan ! Mon Dieu, n'est-ce point

---

(1) Liv. IV. Ch. v.

parce que *cette grappe de raisin était mûre avant le temps, effloruit tanquam præcox uva*, n'est-ce point pour cela que vous l'avez cueillie de si bonne heure ?

A quelles conditions devient-on un tel prêtre ? En méditant et en priant. Les pratiques les plus saintes deviennent sèches, j'allais presque dire fastidieuses, quand la méditation et la prière cessent d'y porter régulièrement leur sève vivifiante. Méditer et prier, là est tout le secret des saints prêtres, tout le secret de celui que nous pleurons.

Et maintenant, il faut donc en venir à parler de la catastrophe qui nous a ravi ce cher confrère, ce prêtre exemplaire.

C'est un coup de foudre qui l'a terrassé. — A-t-il été pris à l'improviste, au dépourvu ? — Oh! non, Messieurs. Je ne me résous pas à croire que Jésus-Christ traite ainsi ses amis. Il peut leur voiler l'heure du départ, la brusquer même, mais il leur envoie de secrets pressentiments qui, en excitant leur zèle, achèvent leur préparation. Est-ce qu'il n'en a pas été ainsi pour notre cher défunt ? On lit dans la vie de saint Ambroise que, sur la fin de ses jours, pendant qu'il priait, il vit le Seigneur Jésus venir à lui avec un divin sourire et que peu de temps après il mourut. *Cum oraret viderat Dominum Jesum advenisse ad se et arridentem sibi, nec multos post dies nobis ablatus est.* — Rappelez-vous, chers Confrères, ce qui vous a frappés en ces derniers temps. Vous parliez des prières que notre ami répandait avec effusion dans la chapelle à une heure avancée de la nuit, vous remarquiez avec beaucoup d'autres que parfois pendant la Sainte Messe il semblait s'oublier et perdait de vue la suite des saintes cérémonies. — N'était-ce point que le Seigneur Jésus lui apparaissait aussi avec un sourire et l'invitait à le rejoindre dans le Ciel ?

Quand le mal éclata, ne s'empressa-t-il point d'appeler le prêtre à son chevet pour lui demander si son existence était en danger ? Tous, nous le rassurions en l'entourant des soins les plus affectueux. Hélas ! nous fûmes cruellement trompés dans nos espérances ! Au moment où nous y songions le moins, le mal redoubla d'intensité, et à peine le cher malade avait-il reçu les Saintes Onctions qu'il expira. Le Seigneur qui a toutes les délicatesses de l'amitié avait voulu sans doute lui épargner de longues souffrances. Ainsi saint François de Sales, dont nous célébrions la fête hier même, fut-il emporté au second jour de sa maladie : *Gravi morbo correptus, sequenti die migravit in cælum* (1).

Et dès que la terrible nouvelle se répandit dans la Maison, quelle consternation, quelle explosion de regrets chez les maîtres et les élèves, parmi tous les membres de la famille de Mongazon ! Quel concert de louanges ! En même temps, quelle assurance que celui qui venait de s'éteindre était un saint ! Et au dehors, tous ces regrets et toutes ces louanges trouvaient un écho sympathique.

---

(1) Leçon du brév. rom.

Est-ce lui qu'il faut plaindre ? Non, Messieurs. Prions cependant pour que le sang de Jésus-Christ lave les dernières taches, s'il y en avait dans cette belle âme. — C'est à nous qu'il convient de nous plaindre ; c'est à sa bonne mère, à ses frères, à sa sœur. Heureusement cette pieuse famille trouvera dans sa foi force et consolation.

Pour nous, Messieurs et chers Enfants, recueillons les leçons qu'il nous a données dans sa vie et dans sa mort. Tenons-nous prêts comme lui, puisque la mort frappe des coups si soudains. — Attachons-nous comme lui à la vraie sagesse qui est une piété éclairée et solide. — Comme pour lui *elle fera la joie de nos cœurs* pendant notre vie, et nous remplira à nos derniers moments des espérances ineffables de l'immortalité bienheureuse. Ainsi soit-il.

Angers, imp. Germain et G. Grassin, rue Saint-Laud. — 194 84.